Inhalt

Fit am Arbeitsplatz - mit betrieblichem Gesundheitsmanagement gegen den demographischen Wandel

Kernthesen

Beitrag

Fallbeispiele

Weiterführende Literatur

Impressum

Fit am Arbeitsplatz - mit betrieblichem Gesundheitsmanagemen gegen den demographischen Wandel

R.Reuter

Kernthesen

- Das zukünftig höhere Durchschnittsalter der erwerbstätigen Bevölkerung rückt die Gesunderhaltung der Arbeitnehmer immer stärker in den Fokus.
- Bei großen Unternehmen spielt betriebliches Gesundheitsmanagement

schon heute eine recht große Rolle, während kleine und mittlere Unternehmen dem Trend noch hinterhinken.

- Eine Herausforderung, die sich nicht im Fitnessstudio bewältigen lässt, ist die stetige Zunahme psychischer Erkrankungen als Folge von Stress, Mobbing und unsicheren Arbeitsverhältnissen.

Beitrag

Betriebliches Gesundheitsmanagement setzt sich bei den Unternehmen langsam durch. Die Bandbreite möglicher Aktivitäten ist groß und reicht vom firmeneigenen Fitnessstudio über Lauftreffs bis zum Angebot der Darmkrebsfrüherkennung.

Gesunde Mitarbeiter leisten mehr

Betriebliches Gesundheitsmanagement wird von deutschen Unternehmen zwar immer noch stiefmütterlich behandelt, setzt sich aber dennoch immer mehr durch. Ein Grund dafür ist nicht zuletzt der demographische Wandel: Der Rückgang der Geburtenrate hebt den Altersdurchschnitt der Belegschaften langsam aber sicher an. Es liegt daher grundsätzlich im Interesse der Unternehmen selbst, etwas für die Gesunderhaltung ihrer älter werdenden Mitarbeiter zu tun. Zudem sind körperlich wie psychisch gesunde Arbeitnehmer weitaus produktiver und motivierter. Experten schätzen, dass etwa 70 Prozent der großen und 20 Prozent der kleinen Unternehmen heute ein betriebliches Gesundheitsmanagement anbieten womit sie zugleich ihre Attraktivität als Arbeitgeber steigern. (1), (4)

Kranke Mitarbeiter sind teuer

Studien haben ergeben, dass es die Unternehmen deutlich billiger kommt, auf die Gesundheit ihrer Belegschaft zu achten, statt jüngeres Personal rekrutieren zu müssen. Allein der in vielen Unternehmen zu wenig beachtete Arbeitsschutz belastet die Bilanzen mit rund 40 Milliarden Euro. (1)

Altersbedingte Beschwerden mindern die Leistungsfähigkeit

Viele Unternehmen handeln erst dann, wenn der Krankenstand eine kritische Marke überschreitet. Übersehen wird dabei, dass sich viele Mitarbeiter auch krank zur Arbeit schleppen und daher weniger leisten, als es möglich wäre. Die Arbeitsfähigkeit der Belegschaft wird daher immer noch zu oft ausschließlich an der Zahl der Fehltage festgemacht. Bei älteren Mitarbeitern, deren Anteil an den Belegschaften in den nächsten Jahrzehnten stark ansteigen wird, schränkt überdies die Zunahme altersbedingter Beschwerden die Arbeitsfähigkeit ein. Hierzu gehören insbesondere Rückenschmerzen und nachlassende Sehkraft. (2)

Psychische Erkrankungen nehmen zu

Ein Phänomen unserer Zeit ist die starke Zunahme depressiver Verstimmungen durch Arbeit. Einer Erhebung zufolge sind sie heute für über zehn Prozent der Fehltage verantwortlich, gegenüber 6,6 Prozent vor einigen Jahren. Vieles spricht dafür, dass die Depression weiter Karriere macht und irgendwann zur Hauptursache für Krankheitsmeldungen wird.

Als Ursachen für die steigende Zahl psychischer Beschwerden machen Fachleute den Zeitdruck, die Komplexität der Arbeit und fehlende Partizipationsmöglichkeiten aus. Auch die Zunahme von Leih- und Zeitarbeit, die dem Mitarbeiter ein beständiges Gefühl der Unsicherheit auferlegt, gilt als möglicher Anstoß für Ängste und Depressionen. Hinzu treten fehlende Wertschätzung und defizitäres Führungsverhalten: Wir haben in Deutschland nicht nur ein Problem mit Managergehältern, wir haben einen weit verbreiteten Mangel an Managerqualitäten, so eine Arbeitspsychologin. (5)

Mobbing, Trennungen und Arbeitsüberlastung

Ein weiterer Grund für psychische Belastungen am Arbeitsplatz ist der starke Kostendruck, der zu einer deutlichen Ausdünnung der Personaldecke geführt hat. Ebenso negative Folgewirkungen des Kampfes um verbliebene Arbeitsplätze sind Mobbing, Intrigen und fehlenden Kollegialität. Noch dazu fällt auch das eigene Zuhause häufig als Kraftquelle weg, da die heute geforderte Mobilität zu berufsbedingten Trennungen und damit zu Wochenendbeziehungen führt. Mindestens 20 Prozent der Ärzte sollen Studien zufolge immer mit einem Bein im Burnout-Syndrom stehen; alarmierend ist auch die hohe Zahl von Frühpensionierungen bei Lehrern: 24 Prozent des Lehrpersonals scheidet aus gesundheitlichen Gründen vorzeitig aus dem Arbeitsleben aus.

Schon der Anstieg psychischer Erkrankungen sollte den Unternehmen damit Grund genug sein, sich mit der Gesunderhaltung ihres Personals intensiv zu befassen. (5)

Doping am Arbeitsplatz

Um die Belastungen am Arbeitsplatz auszuhalten, greifen Arbeitnehmer in erschreckend hohem Maße zu Psychopharmaka. Der Trend geht dabei dahin, dass auch eigentlich gesunde Menschen Doping am Arbeitsplatz betreiben, um dem Leistungsdruck gewachsen zu sein. Rund zwei Millionen Deutsche und damit knapp fünf Prozent aller Beschäftigten haben schon einmal im Büro Psychopharmaka genommen. Knapp 800 000 von ihnen greifen gezielt und regelmäßig zu Medikamenten, um mehr leisten zu können. Eine Hauptrolle spielen bei diesem Medikamentenmissbrauch die Aufputschmittel. Nachschubprobleme gibt es dabei offensichtlich nicht, da die Medikamente über das Internet besorgt werden. (3)

Haftbar für Stresserkrankungen

Ein wichtiger Auslöser psychischer Beschwerden ist Stress am Arbeitsplatz. Zur Gesunderhaltung des Arbeitnehmers gehört daher nicht nur das Angebot von Sport und Training, sondern die Beachtung seiner Arbeitsbelastung. Auf die Sprünge könnte die Unternehmen in dieser Hinsicht ein neuer Trend in der Rechtsprechung bringen: Immer öfter werden Firmen dafür haftbar gemacht, wenn sie ihren Mitarbeitern zu viele Aufgaben, Überstunden und Pflichten zumuten, die dann in einer Stresserkrankung münden. In Europa nimmt Großbritannien derzeit eine Vorreiterrolle bei Stresshaftungsfällen ein. Arbeitnehmer, die am Arbeitsplatz zusammenbrechen, ziehen auf der Insel besonders häufig vor Gericht und bekommen meist eine Ausgleichszahlung für die erlittene Krankheit zugesprochen. (6)

Fallbeispiele

DekaBank mit eigenem Fitnessstudio

Der Investment-Dienstleister der Sparkassen-Finanzgruppe, die DekaBank in Frankfurt, hat ein Programm mit dem Namen Lebenszyklusorientierte Personalarbeit gestartet. Hierzu gehört ein 900 Quadratmeter großes Fitnessstudio, das die Bank selbst vor einem Jahr eröffnet hat. Die Mitarbeiter können sich so im eigenen Hause mit Massagen, Physiotherapie und Aerobickursen fit halten. Rund 1,4 Millionen Euro hat sich die Bank das Studio kosten lassen. (1)

Niedriger Krankenstand bei O2

Der Mobilfunknetzbetreiber O2 ist stolz darauf, innerhalb München zu den Unternehmen zu gehören, die den niedrigsten Krankenstand aufweisen. Damit dies so bleibt, hat O2 eine Abteilung Corporate Activity eingerichtet, die sich um das gesundheitliche Wohl der Mitarbeiter kümmert. Schon 2007 hat das Unternehmen ein Zertifikat des Freistaats Bayern für ganzheitliches betriebliches Gesundheitsmanagement erhalten. Angeboten wird unter anderem der preisgünstige Besuch eines Fitnessstudios, das überdies Diabetes-Screening und eine Lebensstilanalyse anbietet. (7)

Druckerei hält ihre Mitarbeiter in

Bewegung

Die **Michael Schiffer Print & Kommunikation** hat eine betriebliche Gesundheitsförderung unter dem Motto Menschen in Bewegung eingerichtet. 120 der insgesamt 160 Mitarbeiter nehmen das Angebot bereits wahr. Das Kursprogramm wird von einer Sportwissenschaftlerin geleitet, die dafür im Unternehmen eine Vollzeitstelle erhalten hat. Für jede unserer Druckmaschinen haben wir einen Wartungsvertrag, für unsere Mitarbeiter gab es da nichts Vergleichbares, so Geschäftsführer Michael Schiffer. (8)

Gütesiegel für betriebliche Gesundheitsförderung

Die **Bordesholmer Sparkasse** hat das Gütesiegel Gesunder Betrieb erhalten. Ausgezeichnet werden mit dem Siegel solche Unternehmen, die in den Bereichen Arbeitsschutz, betriebliche Gesundheitsförderung und betriebliches Eingliederungsmanagement besonderes Engagement zeigen. Die Sparkasse bietet ihren Mitarbeitern die Möglichkeit einer mobilen Massage ebenso an wie Kurse über gesundheitsbewusstes Kochen und anderes mehr. (10)

Weiterführende Literatur

(1) Gesund = produktiv
aus Frankfurter Allgemeine Zeitung, 24.01.2009, Nr. 20, S. C5

(2) Der Arzt kommt ins Büro
aus VDI NR. 33 VOM 15.08.2008 SEITE 30

(3) Millionen greifen zu Aufputschmitteln am Arbeitsplatz
aus WirtschaftsWoche online vom 20090213, 12:53:44

(4) Fit am Arbeitsplatz
aus Rheinische Post Nr. vom 20.01.2009

(5) Anstieg psychischer Probleme in der Arbeitswelt
aus Versicherungsmedizin, 1.9.2008, 60.Jg., Nr. 03, S. 146

(6) Wenn der Stress am Arbeitsplatz zu gross wird
aus Neue Zürcher Zeitung 14.01.2009, Nr. 10, S. 25

(7) Optimale Personalarbeit Fit mit sportlicher Dynamik
aus Arbeit und Arbeitsrecht, Heft 12/2008, S. 737-739

(8) Ungewöhnliche Wege zu höherer Mitarbeitermotivation
aus Deutscher Drucker Nr. 04 vom 05.02.2009 Seite 43

(9) Immer mehr Unternehmen sagen dem Darmkrebs den Kampf an

aus Ärzte Zeitung Nr. 33 vom 20.02.2009, Seite 9

(10) Bordesholmer Sparkasse ist "Gesunder Betrieb 2009" Gütesiegel für betriebliche Gesundheitsförderung erhalten
aus Die SparkassenZeitung, 20.02.2009, Nr. 08, S. 16

Impressum

Fit am Arbeitsplatz - mit betrieblichem Gesundheitsmanagement gegen den demographischen Wandel

Bibliografische Information der deutschen Nationalbibliothek

Die Deutsche Nationalbibliothek verzeichnet diese Publikation in der deutschen Nationalbibliografie; detaillierte bibliografische Daten sind im Internet über http://dnb.d-nb.de abrufbar.

ISBN: 978-3-7379-0937-2

© 2015 GBI-Genios Deutsche Wirtschaftsdatenbank GmbH, Freischützstraße 96, 81927 München, www.genios.de

Alle Rechte vorbehalten. Dieses Werk ist einschließlich aller seiner Teile – z.B. Texte, Tabellen und Grafiken - urheberrechtlich geschützt. Jede Verwertung außerhalb der Grenzen des Urheberrechtsgesetzes bedarf der vorherigen Zustimmung des Verlags. Dies gilt insbesondere auch für auszugsweise Nachdrucke, fotomechanische Vervielfältigungen (Fotokopie/Mikroskopie), Übersetzungen, Auswertungen durch Datenbanken oder ähnliche Einrichtungen und die Einspeicherung und Verarbeitung in elektronischen Systemen.